생의 간이역

정은희 시집

청옥

생의 간이역

작가의 말

    시인은 시를 통해 독자가 현실에서 느끼는 아픔과 고독을 공감하고 이해와 위로의 의미를 담아내기 위해 부단히 노력해야 한다고 배웠습니다.
    이제 막 문학의 세계에 입문한 새내기 시인으로서 서툴기만 한 행보이지만 내가 쓰고자 하는 시가 대상과 느낌을 공유하기 위한 노력의 산물이 되고 싶습니다.
    단지 글귀의 나열이 아닌 따뜻한 위로가 되는 공감의 의미로, 상처와 아픔 그리고 기쁨과 사랑을 투영해 내기 위해 미숙하더라도 관계의 진솔함을 담아내고 싶었습니다.
    목마름과 결핍은 더 깊은 사색의 통찰과 감수성으로 저를 성장시키고 세상과 연결되는 통로가 되어주리라 기대해 봅니다.
    자칫 넋두리로 흘려보낼 수도 있는 시를 그나마 독자에게 선보일 수 있도록 조언을 아끼지 않은 심애경 시인과 서툰 보살핌에도 스스로 빛나는 보석이 되어 준 딸 김예지, 사랑하는 우리 네 자매의 격려 덕분으로 시집을 엮으니 감사함에 마음 뭉클합니다.

  어느 곳에서도 자신의 몫을 충실하게 해 내는 들꽃처럼 내게 허락된 시인의 감성과 생에 대한 존중을 허투루 여기지 않으려 합니다.

  곡절 많은 사연이 머물렀다가 떠나는 인생의 간이역에서 쓴 한 편의 시가 누군가에게 작은 위로가 되길 바라며….

능소화 꽃잎 여는 날에

정은희

차 례

▎작가의 말 _ 4

제1부 생의 간이역

13 … 생의 간이역
14 … 어무이
15 … 고향의 초저녁
16 … 첫출발
17 … 딸에게 하는 귀엣말
18 … 땅 그림자
19 … 꽃무릇
20 … 어머니의 기일
21 … 생의 의미
22 … 시와 연애하다
23 … 비 갠 오후
24 … 아버지의 새참
26 … 우정
27 … 태풍주의보
28 … 그리움의 둥지
29 … 삶은 고통 속에서
30 … 겨울 바다
31 … 갱년기 열꽃
32 … 여린 사랑

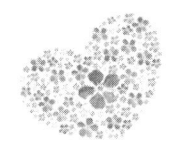

제2부 차 한잔의 위로

차 한잔의 위로 … 35
가을 연가 … 36
당연한 줄 아셨지요 … 38
사랑꽃 … 39
푸른 입맞춤 … 40
네 자매의 행복 보고서 … 41
휴가 … 42
꽃 피는 날 … 43
한 끼의 만족 … 44
인연 … 45
자연과 더불어 … 46
문학과의 동행 … 47
순간에서 영원으로 … 48
무지개다리 … 49
시인의 고독 … 50
회한悔恨 … 51
민들레의 윤회 … 52
보고 싶은 마음 … 53

제3부 꽃구름 아래

57 … 별똥별 - 오빠 생각 -
58 … 꽃구름 아래
59 … 시인의 숙명
60 … 봉정암의 하룻밤
61 … 행복
62 … 돌멩이
63 … 옥수수 익어갈 무렵
64 … 사랑앓이
65 … 여름밤의 추억
66 … 새해 소원성취
67 … 고백
68 … 가을밤 연가
69 … 용궁사에서
70 … 엄마의 손맛
71 … 개망초
72 … 끔찍한 더부살이
74 … 겨울 풍경 속을 거닐다
75 … 가을 착상

제4부 꿈길을 걷다

가로등 … 79
개복숭아꽃 … 80
기도하는 날 … 81
딸에게 쓰는 편지 … 82
붉은 봄 … 84
꿈길을 걷다 … 85
자동 설치 … 86
봄의 정령 아지랑이 … 87
태종대의 노을 … 88
별 하나 별 둘 … 89
삶의 교훈 … 90
빈곤 … 91
계절도 마음도 물들다 … 92
욕심 … 93
사상둔치공원에서 … 94
장춘사의 오후 … 95
인생역에서의 노숙 … 96

제5부 마음의 여백

 99 … 홍련紅蓮
100 … 툇마루
101 … 진양호에 핀 그리움
102 … 찔레꽃 위로 연등 걸리고
103 … 인연의 향기
104 … 달빛이 깨운 박꽃
105 … 마음의 여백
106 … 하지
107 … 선미 언니, 고마워
108 … 인생 노트
109 … 그림자
110 … 네게 낙엽 지다
111 … 서툰 사랑
112 … 갈잎의 노래
113 … 그리움의 반향反響
114 … 추상秋想
115 … 벗에게 쓰는 편지
116 … 달빛 속 산책

117 … 해설 _ 삶을 조탁하는 자아 성찰의 시 / 심애경

제1부

생의 간이역

생의 간이역

싱그러운 초록의 들판을 질주하던
여름 기차가
가을 모퉁이를 도는 사이
철길 옆에 핀 코스모스 하릴없습니다

인생은 가을로 섰는데
세월은 급행으로 지나쳐 가고
추억만 가끔 멈춰서는
인생 정거장에
해바라기로 우두커니 섰습니다

그리움으로 물들었던 단풍
기다림마저 떨구면
인생 종착역으로 달릴 기차가
언제쯤 도착할지 개찰구를 기웃거립니다

어무이

아직도 피우지 못한 소리가 아득하다

봄이면 꽃구경을
가을이면 단풍 구경 가자 하셨던 어머니
오늘, 내일 미루다가
홀연히 떠난 당신 야속하기만 하다

기다려주지 않는 인생
부끄러움 삼키고 망연하게
어디를 바라봐도 눈물 숨길 곳 없다

고향 집 마당 호미만 덩그러니
뜨락에서 목메던 어머니 선소리가
들꽃 속에 피어난다

고향의 초저녁

뜸북뜸북 뜸북새 논에서 울고
목마르게 부르던
고향의 흙냄새를 맡는다

가난을 찰지게 반죽하여
가마솥에 떼어 숭덩숭덩 수제비 끓여
마당 평상에 온 가족이 둘러앉아
허기 때우던 어슬녘
따스하던 어린 날을 몸이 기억한다

소쩍새 울음 두고 온 고향
장맛보다 더 진한
코끝에 시린 진한 옛 향기
평생토록 마음 밭을 뜨겁게 적신다

첫출발

카메라 셔터 소리
설렘이 활짝 피어난다
가시버시의 연분
행복한 미소에 세상이 환하다

성스러운 의식으로 고하는
사랑의 결실
내일을 향한 걸음 내딛는
한 쌍의 잉꼬부부
인생길 축복 속에서
촛농보다 뜨겁다

믿음으로 가꿔야 할
약속의 문이 환하게 열린다

딸에게 하는 귀엣말

세상을 향해 내딛는 홀로서기의
아칫거리던 걸음걸이로
선심을 쓰듯 재롱부려 기특했던
한 줌의 몸짓으로
잔소리뿐인 애착의 사랑 기껍게
안아주는 무던함으로
어릴 적부터
내게 특별한 의미가 되어준
세상 하나뿐인 내 딸아

어느새 세월 흐른 만큼 커서
엄마 마음 헤아려
친구처럼 흉금을 터놓을 수 있으니
함께 걷는 인생의 여정에서
엄마 가슴에서 인생의 훈장으로
빛나는 내 딸 예지야!
네가 얼마나 소중하고 특별한 존재인지를
표현하지 못한 감사함과 사랑을
시 한 줄에 담을 수 있다면
무명 시인으로 살아도 행복하겠다

땅 그림자

햇빛 놀다간
그녀의 발아래
땅 그림자의 가장자리가
밀려 나갈 듯
밀려올 듯,
어쩌면 여인들의 그림자 그 자세로
황혼의 시간을 맞이해야 할는지도 모른다

해거름에 슬며시
나무의 그림자가 다가와
여인들이 수다 떨다 흘린 단어들을
훔쳐갈는지도 모르는
의뭉스러운 실루엣

꽃무릇

핏빛으로 물들인 가녀린 촉수
살포시 펼쳐 보인
절절한 애틋함을 어찌 지나칠까요

맞닿을 수 없는 운명
전생의 그리움으로 홀연히 서서
재회를 꿈꾸는지요

산사 가는 길
꽃무릇 빨갛게 빨갛게
내 마음을 찔렀답니다

어머니의 기일

멀리 뱃고동 소리가 슬픔을 토하고
지나는 늦은 봄 끝자락에 비마저 흐느낀다

한차례 큰 태풍이 몰고 간 뒤
숙이고 있던 고개를 들어 보았다
비 내리는 어느 날
어머니는 내 눈물을 쓸어 담고 가셨다

혀 밑에 웅크려 가지 말라는 그 말
이별이 서러움이면
배웅은 쓰라림의 고통이라는 것을

엄마
이름을 부르면 금방이라도 안길 듯
오늘 밤 샛별로 와 밝힌다

생의 의미

새순 움트기까지
견디어야 하는 인고의 시간을
꽃이 피기까지는
보이지 않는 얼마나 많은 시련을
순간의 영광을 위해
기껍게 무릅썼겠는지요

시간의 깊숙한 곳에서
꿈틀거리는 생존의 본능
그것은 신비로운 의무였습니다
생의 숭고함 앞에서
겸손해질 수밖에 없는 이유랍니다

시와 연애하다

밤낮으로 우는 울음이 있다
마법에 걸린 단어가
노트 사이를 허우적거리다가
등불 하나 내걸지도 못한 행간에 서서
검은 한 줄 울고 있다
우렁이는 논바닥에서 울고
시인은 노벨문학상 후보로 울지만
긴 항아리처럼 속이 허하다

몰래 시와 연애하는
그건
목마름…

비 갠 오후

비 오는 날의 풍경은
한결 더 여유롭고 품위 있어요

혼탁함을 씻어내는 정갈함
마음 또한 헹구어 산뜻해집니다

잘 씻은 과일처럼
풍경도 싱그러워집니다

비가 잠시 다녀간 오후
글을 쓰며 마음을 청소 중입니다

아버지의 새참

목련꽃 필 무렵이면 떠오르는 기억
품앗이 간 아버지
새참으로 나온 단팥빵 안 드시고
작업복 넣어두었다가
나에게 슬며시 건네주시곤 했었다

네 딸 중 셋째 딸이었던 난
그 순간이 오직 나를 위한 비밀로
아버지의 따스한 마음이
단팥빵에 맛있게 배어있는 특별함을
남몰래 만끽하곤 했었다

목련꽃 필 무렵이면
아버지의 새참을 받아먹고 시치미 떼던
철없던 시절의 그리움도 피어
빈자리가 남긴 공허함은
영원히 채워지지 않는 상실의 아픔이다

단팥빵을 먹을 때마다
아빠의 사랑 독차지하는 것 같던 느낌을
표현할 수 없는 그리움을
시에 담은 셋째 딸이 대견해서
오늘 밤 꿈에 당신의 새참 챙겨오시려나

우정

순진한 웃음
애살스럽던 수다
그 맑은
눈빛의 우정이 그리운

지금껏 쌓아온 정으로
서로를 비춰보는 마음의 거울

태풍주의보

산다는 게 마냥 순탄하기만 할까요
먹구름이 비를 뿌리고
태풍이 몰아치기도 하지만
맑은 날이 많은
우리의 삶이 아니던가요

힘겨운 시간 앞에 두는
이 또한 지나갈 거라는 "희망"
언제 그랬냐 하고
순풍이 올 거라는 "긍정"
그렇게 인생의 태풍을 이겨냅니다

그리움의 둥지

딸 부잣집의 그칠 줄 모르는 수다 속에서
그리움으로 핀 엄마의 잔소리
응석받이 애교에 슬며시 지곤 했었지요

엄마에게 서로 잘 보이고 싶은 이쁜 짓에
한숨뿐인 고단한 세월 잠시 잊고
칭얼거림을 교대로 업어 재우시곤 했었지요

각자의 길을 걷고 성장해 나가지만
우리 모두 엄마의 품에서 비롯된 한 가족
골고루 사랑받은 기억은 우애를 깊게 하지요

어느덧 당신의 인생을 닮아가는 딸이지만
늘 아픔과 불안 안아주셨던 포근한 품 그리워
꿈길 열리길 기다리지요

삶은 고통 속에서

감꽃이 지고
극성스럽던 매미 소리 잦아들면
튼실해진 감이 익듯이

뜨거웠던 청춘의 날들
시련을 견뎌 영글게 돼야만
인생의 제맛 들 듯이

고통이 우릴 단단하게 하고
조급하지 않게
행복을 여물게 하듯이

나이 든다는 건
겪었던 힘겨운 날들의 담금질로
천천히 삶을 이해하는 거니까

겨울 바다

겨울 바다에서는
외로움과 벗해도 좋겠다

한적한 해변
망연히 밀려오는 파도에
뒤척이는 마음 재우며
갈매기가 물고 오는
그리움 한 조각 바라보며

홀로 선 까닭 묻지 않고
묵묵히 들어주며
토닥거려주는 물결
모든 걸 담아내는 넉넉한 품
그걸로 충분하겠다

밤이면
등대처럼 불 밝히는
포장마차에서의 한 잔 술로
시린 마음 덥히면
제법 괜찮은 날이겠다

갱년기 열꽃

위협적으로 몰아치는 열대성 폭풍
싸늘하게 전개되는 한랭전선
예측하기 힘든 감정 기복에 휩쓸린다

널뛰기하는 기압골 틈바구니에서
애꿎게 시달림당하는
변화무쌍한 마음이 객쩍기만 하다

갱년기라는 이름의 열꽃
초대한 적 없는
난처하고 변덕스러운 불청객이다

여린 사랑

겨울의 혹독함을 견딘 기다림
길섶에 핀 별꽃처럼
매 순간 빛나고 아름다울 거예요

행복한 표정이 꽃처럼 피어
바람의 노래 한 소절에 담긴 봄이
아지랑이로 아른거립니다

올망졸망한 기쁨으로
꽃소식 몰고 오는 봄까치꽃
여린 사랑의 고백이랍니다

제2부

차 한잔의 위로

차 한잔의 위로

사랑의 밀어를
꽃차 한 잔으로 만나고 싶은 날입니다

찻잔 속 환하게 피는 꽃잎 바라보며
잔잔한 음악을 음미합니다

찻잔 속에 담긴
세상을 위한 향기로운 위로

꽃으로 피어
삶의 힘겨움 잠시 잊습니다

꽃차 한 모금에
마음이 온화하게 열립니다

가을 연가

가을이 되면
높은 산마루가 그리워
시린 가슴에 여울진 그리움이
잉태한 시詩
밤을 지새운 아픔들을
가지 끝 진홍빛 눈물로 매달아
앞산 허리에 던져 놓는다
내게 오라 한 적 없는 길들이
눈앞에 펄럭인다

나뭇가지에 단풍잎
무시로 떨어지는 것을 보았고
구름의 언덕에 달빛으로
눈시울만 붉어
단풍잎 눈물 어린 설움
바람 끝에서 조마조마하다

그 바람이
꽃을 피우겠지

하루하루 타들어 가는
저 붉은
여인처럼

당연한 줄 아셨지요

젖가슴에 매달린 자식에게
당신의 인생 다 내어주고
허전한 빈 가슴 되는걸

세월에 패인 주름골
뒤적거려본들
움켜쥘 수 없는 허망함인걸

딸들의 재롱 위안 삼으며
삭정이의 근심
아궁이에서 태우던 한숨인걸

희나리의 눈물 몰래 훔치는
손등에 핀
저승꽃이 서럽기만 한걸

사랑꽃

사랑의 비 내린 후
무지갯빛 고백을 펼쳤네요

애태우던 그리움 활짝
꽃으로 피어나네요

지금 당신 마음에 닿으려
향기로 스며드는 중이에요

나비 한 마리
가슴에 살포시 날아드네요

푸른 입맞춤

살아가는 것보다
사랑하는 게 더 힘들었던 그해

불화살 가슴에 박히는 고통
통증의 전율을
마당 한구석에서 달래곤 하던
정원에 짙은 녹음
푸른 머릿결의 부드러움이
마음을 사로잡는다

언제나 청춘을 꿈꾸는
생의 터전에서
꽃피우며 살고 싶은
선한 마음 하나로 펼친 푸르름이다

네 자매의 행복 보고서

너 잘났느니 나 잘났느니
아웅다웅 말씨름
어릴 적 소꿉장난 공기놀이에
넘쳐나던 웃음소리
복닥거려 키운 미운 정 고운 정
고만고만한 키재기

잘 발효시킨 자매의 정
세월의 흐름 속에
인생이란 맛에 스며드니
서로를 배려하다가
닮아버린 이심전심의 마음
인생길 벗이라네

맛깔스러운 자매의 수다에
제법 행복한 오늘
어떤 처지에 놓였어도
든든한 내 편이라네

휴가

청아한 물소리가 자꾸 귓전에서
흐르는 까닭은
요즘 뜻하지 않은 더위에
짜증 난 하루 때문인지도 모릅니다

도심에서 벗어나 만나는
일탈의 여유
자연이 선물한 평안 속에서
일상의 번다함을 잊습니다

맑은 계곡물에 조약돌처럼
예쁜 시어 하나
시 한 줄 완성하고 나면
한가로운 바람이 읽고 갑니다

꽃 피는 날

사랑하는 사람 곁에 있을 때
그 소중함을 모른다고 합니다

사소한 오해로 빚는 갈등을
진솔한 이해로 품으려 합니다

그대 가슴에 꽃으로 피어
향기로워지고 싶습니다

사랑을 꽃피우기 위한
당신의 헌신을 소중히 간직합니다

믿음으로 뿌리내려
생이 다하도록 변하지 않겠습니다

이별 뒤에 통한의 눈물로
그 눈부심을 그리워하지 않도록

한 끼의 만족

사랑의 고픔에 늘 두리번거리기만 했을
잡히지 않는 행복에 속상하기만 했을
뒤늦은 후회에 목이 메이기만 했을
털어내지 못한 미련에 원망 키우기만 했을
들인 정성 몰라줘 복장 터지기만 했을
현실의 냉정함에 서운하기만 했을

제각기 다른 사연 안고 찾아오니

인생의 허기 든든하게 채우면
그나마 살 힘 얻을 거라고
매번 먹어도 물리지 않을 밥 한 끼
정성껏 준비한다

인연

돌탑에 소원 하나 얹으며
서로를 위한 마음을 알게 되고
이해로 단단하게 다져온 삶
세월 흐를수록 깊어지는 정이다

오랫동안 서로에게 익숙해진 편안함
표정 하나로 읽어내는 속마음
서로를 가여워하는 애틋함은
말 없어도 소통하는 지혜로움이다

때때로 툭탁거리다가도
미운 정 어찌할 수 없어서
가려운 등 서로 긁어주며 웃으니
인생의 든든한 버팀목이다

자연과 더불어

자연은 생명의 자궁이건만
인간의 탐욕으로
수많은 생명이 불임에 시달린다

저마다 소중한 생이건만
이기심에 눈이 멀어
생태계의 혼란은 염두에 두지 않는다

살충제로 꿀벌이 사라지고
생의 터전을 잃어 멸종에 내몰린 동식물
개발을 위한 자연의 훼손은 심각하다

소비의 경쟁에 내몰려 풍요를 누려도
자연과 벗하여 살며
가난했어도 행복했던 어린 시절이 그립다

문학과의 동행

시 한 줄에서 움트는 의미로
마음의 위안을 얻으며
나를 위한 예쁜 문학의 꽃으로
활짝 피고 싶다

눈길 머무는 것마다
마음 닿는 곳마다
새롭게 꽃피는 존재의 의미
경이롭고 다채롭다

문학은
삶에 지친 마음을 치유하고
인생을 노래하게 하는
안식처이다

순간에서 영원으로

꽃이 져도 서럽지 않은 것은
또다시 피어날 걸 알기 때문이다

사랑이 떠나도 살아내는 건
또 다른 사랑이 올 걸 믿기 때문이다

불멸의 순환으로
생명의 환희는 이어질 것이고
사랑의 기쁨을 새롭게 노래할 것이다

그대여
떠나는 것들을 위해
찬란한 슬픔으로 환송하길

무지개다리

무지개는 폭포가 만든 다리
자연의 경이로움에
내 마음 슬쩍 얹어 놓고 싶다

햇살에 부딪혀
찬연하게 빛나는 신비로움
신의 노래에
잠시 세상 시름 잊는다

시인의 고독

고독은 시인을 성장시킨다

시인의 내면에
황무지가 넓고 광활할수록
목마름이 절실할수록
어둠이 짙을수록
고독의 깊이에서 길어내는
정갈한 아픔이고 싶다

고독한 영혼의 순례자로
누구도 탐하지 못한
언어를 찾기 위해 길을 나선다

회한悔恨

한 많은 세월 속에
고인 눈물
회한 가득한 애증의 기억으로
에이는 가슴

앙상한 손에 돋은 혈맥
죽음의 두려움에
파르르 떨리는
안간힘으로 피는 저승꽃이기에
더욱 애잔하다

생의 끈 놓지 않으려
더욱 가쁜 숨
차마
감당하기 힘들었던 그 날
부여잡지 못하는 운명 지켜만 보는
방관자일 수밖에 없다

민들레의 윤회

아름다움마저 손 놓아야 하는
비움으로 가벼워지면
애착의 미련 벗어두고 떠나는
윤회의 여정이라오

나를 벗고 나를 찾아 나서니
우연에 기댄 방랑
목적한 바 없으니 자유로워
순리에 맡긴 몸짓이 가뿐하오

보고 싶은 마음

지극한 보살핌으로 날 키워주셨던
가없는 사랑과 헌신
세월 속 묻어둔 쓸쓸한 인생의 그림자는
언제나 상심 깊어서
달랠 길이 없는 허전함이 나를 감싸네요

마음 시린 날에는 따스한 품 떠올리며
향기로운 기억 뒤따라
시공간을 넘나드는 보고 싶은 마음
헤어진 지 오래됐건만
당신의 영혼이 나를 감싸주는 듯하네요

잊지 못할 어린 시절의 기억
엄마의 따뜻한 손길과 은혜로운 미소에
천진한 행복이 함께한 그 순간들
지금도 늘 손 내밀어 주시는 그리움으로
보고 싶어요, 울 엄마!

제3부

꽃구름 아래

별똥별
- 오빠 생각 -

꽁무니를 쫓던 네 명의 여동생에
든든한 지킴이었던
엄마의 씩씩하고 착한 맏아들로
듬직했었던
정 많고 속 깊은 따뜻한 마음으로
돌봐주었던 성근이 오빠!
우리 곁을 떠나 별이 되기까지
안타까운 나이 51살에 남겨 둔 그리움
가족을 위한 성실함으로
순간순간 최선을 다하던 모습
아련하게 떠오를 때면
오빠의 성품 닮아 잘 큰 조카를 보며
달래곤 하는 아쉬움이라오

이제 오빠가 살아보지 못한 나이를
대신 헤아리는 여동생들
기특하거들랑
저녁놀 곱게 물든 그리움 펼쳐
보고플 때 가끔 별똥별로
정겹던 기억 속으로 놀러 오세요

꽃구름 아래

산그늘에 몸을 숨겨 울던 산비둘기
딱 그만큼의 높이에서
신비로운 환생의 비밀 다 아는 듯
봄바람을 희롱한다

봄날은 마냥
허공에 꽃구름을 피워 올리고
움켜쥔 손아귀 펴
생명 시간을 자연으로 놓아준다

향기롭게
꽃구름 펼친 자리마다
화사한 햇살
꽃망울 어르는 봄날이다

시인의 숙명

마음 열어 마주하면
새로움에 대한 기대 부풀어
시인을 들뜨게 한다

과거에서 빌려온 추억
거기에 실린 마음의 잔재들은
되새김의 여운이다

내일로부터 수신된
불확실의 무한한 공간은
상상의 영역이다

존재하는 것에 부여하는
다양한 의미는
시인의 숙명적 사명이다

평범한 것에 대한 호기심
시인의 삶을
특별한 문장으로 기록한다

봉정암의 하룻밤

밤 이슥하도록 업장 소멸의 간구로
다라니 진언을 읊자니
새벽 창에 솔바람 정적을 깨우네

마음의 열쇠 내가 쥐고 있어
대신 할 수 없으니
오롯이 내게서 찾는 생의 해답이네

희붐히 밝아오는 산사의 아침
새벽이슬은 풀잎 씻고
소슬한 바람 절 마당 쓸고 있네

행복

시를 읽는 즐거움으로 느끼는

행복의 포만

정답 없는 세상살이에서

선택은 오롯한 내 몫

시 한 편에서 발견하는 만족

행복은 내가 만들어 가는 것일 테니

돌멩이

강가에 매끈거리는 둥근 돌멩이는
날카롭게 모나고 거친 돌
오랜 세월 서로 부딪히고 부대끼며
부서져 깎이고 굴러
저렇듯 곱게 둥글어졌으리니

우리의 인생도
사랑도
갈등과 번민에 시달리며
닳고 닳아 둥글어지기까지
부대끼며 어우러져 사는 것이리니

옥수수 익어갈 무렵

힘껏 발돋움한 높이로
무성한 옥수수밭
바람결에 휘청휘청
잘 영근 옥수수 매달렸다

가난한 무게
어부바로 키워내면서
얼마나 무거웠을까
문득 어머니가 그리워진다

제 몸 겨워도
내색하지 않고 키워 낸 정성
튼실한 결실로
보란 듯 내보이는 자랑이었다

부스스한 옥수수수염
파마 풀린 엄마의 머리카락 같다

사랑앓이

살짝 스치는 바람에도
사부자기 흔들려
남몰래 사무치는 마음

파도치는 물결 따라
흔들리는 가슴
그 깊숙이 자리한 아릿한 그리움

애틋한 마음 더할수록
팔팔 끓어오르는
저 어쩌지도 못하는 애물 덩어리

여름밤의 추억

모깃불 매캐한 연기
풀벌레 합창에 스르르 눈 감기면
별빛 쏟아지던 여름밤

달빛에 참외 노랗게 익어 갈 때
꿈속 공주 되어
곤한 잠꼬대 쌓이곤 했지

옛 추억 그리워 집 밖 나서니
에어컨 실외기 뜨거운 바람
후끈 다가선다

새해 소원성취

계묘년 새해 온기 꼭 끌어안는다

이른 새벽부터 토방 앞 처마 끝에 불 밝히고
오는 잠 쫓으며 곱게 써는 떡대
떡국 한 그릇의 진한 맛과 향 앞에
대가족 모인 새해 아침
덩달아 나이도 한 살 더 먹는다

부모님 새해 덕담 한마디
꿈의 활주로를 가볍게 넘는다
소망의 꽃들이 향기롭게 물들여
푸른 꿈
희망의 끈
복주머니로 매달린다

고백

아스라한 수평선에서
가물거렸던 우리의 사랑
물결에 실려 옵니다

때론 심술궂게 때론 유혹하며
잡힐 듯 말 듯 애태우더니
와락 가슴에 안겨듭니다

잠재우지 못한
푸른 파도가
대신 사랑을 고백합니다

가을밤 연가

무엇인가 할 말 많아서
가슴 앓는데
사랑도 미움도 혼재되어
찬 이슬에 꽃잎 지는 밤
별빛도 파리해져 갔다

낙엽 사부자기 내려앉아
부스럭거리면
창가에 어른거리는 달빛
그대인가 하여
여린 마음 열고 귀 기울인다

내가 그려둔 그대 눈썹
까치밥 대롱거리는
감나무 우듬지에 내걸리면
어디선가
갈바람에 묻어오는 국화 향기에
네 이름 가만히 불러본다

용궁사에서

소원성취의 이름표를 걸어놓고
다녀가는 그곳에는
운명을 거스르지 않아도
냉가슴으로 뭉클한 눈물이 흐른다

누군가 먹고 버린 빈 소라고동
해조음 읊조리고
물이랑 떠도는 간절한 영원
뭍에 닿는다

세파의 환란을 견뎌낸
용궁사 대웅전
파도 소리가 읽어주는 독경
고즈넉한 평안의 품이다

엄마의 손맛

눈대중의 양념 대충 조물조물해도
꿀맛이었던 진수성찬 부럽지 않던 밥상
잘 발효된 사랑이 느껴지던
엄마의 손맛은 내겐 소중한 유산이지요

흔하디흔한 푸성귀조차 마법처럼 변화시켜
한 입 먹을 때마다 느껴지는 행복
맛있는 음식을 만들어 내는 재주에는
흉내 낼 수 없는 감칠맛이 숨었지요

정성과 애정이 가득하게 담겨 있어
한 입 베어 물면 느껴지던 엄마의 사랑이
못내 그리워 흉내 내보다가
눈물로 간 맞추는 대물림의 손맛이지요

싱겁지도 짜지도 않게
사는 맛 너무 맵지도 않게
버무려내는 인생의 맛
엄마가 물려준 가장 소중한 선물이지요

개망초

자잘한 꽃잎 엮어
하얀 방석 깔아두고
헤프게 웃으며
잠시 쉬었다 가라는
수더분한 너였다

무료함에 겨운 졸음
나비 날아들어 깨우면
천덕꾸러기처럼
무시당한 설움 잊고
방끗 반긴다

묵묵하게
여름 뙤약볕 인내하며
제힘으로 일구는
척박한 생의 터전
그 노력이 가상하다

끔찍한 더부살이

첫눈이 내린 겨울 아침
엄마는 씻은 쌀 솥에 안치고
불 지피기 전엔
꼭 부지깽이로 아궁이 이맛돌을
톡톡 때리셨지

온기 남아있던 아궁이 속에서
단잠을 자던 생쥐들
놀라 쪼르르 튀어나와
살강 위로 달아나곤 했었지

살강에 올려진 그릇
타 넘어 도망치던 생쥐들
징그러움에 몸서리쳐도
아무렇지 않게 밥 퍼주시면
숟가락 내던지고 징징거렸었지

우르르 천정을 내달리며
얼룩 지도를 그리고

더부살이하던 쥐새끼들
지금도 친해질 수 없는 기억이다

겨울 풍경 속을 거닐다

오랜만에 주어진 여유의 시간
살 에이는 바람에
얼어붙은 강가를 거닌다

빨강 붕어·깜장 붕어·얼룩 붕어
웅크려 청하는 겨울잠에
구멍 뚫어 드리운 낚싯줄마다
기다림을 미끼로 꿰고
몇몇은 중년의 지루함을 견디는 중이다

곱은 손 불며 썰매 타던 아이들이
웃음으로 독차지하던 얼음판
텅 비워져 휑한 게 을씨년스럽고
햇살 감질나게
언 볼을 어루만지다가 바삐 간다

장판 거뭇거뭇한
뜨겁던 아랫목의 기억
새삼 그리워지는
겨울 풍경 속을 서성거린다

가을 착상

고개 떨군 수풀의 표정이
깊이를 알 수 없는
물 바닥처럼 일렁이고
이따금 지나는
햇살의 몸짓이 서늘하다

눈 감으면 보이는 것이
눈을 뜨면 멀리 사라져가고
억새의 하릴없는 몸짓
신묘한 표정 짓는 풍경이
황홀을 경험한다

제4부

꿈길을 걷다

가로등

가로등 불빛
어둠을 건너는 징검다리로
외로움 줄 세우고 있다

피곤한 발걸음
잠시 스쳐 갈 때마다
표정에서 읽어내는 고단함
넉넉하게 밝혀두는 위로이다

누군가 길 잃고
방황의 어둠 속 헤맬 때
그를 위한 불빛 밝혀
포근히 감싸주고 싶다

저 가로등처럼

개복숭아꽃

진홍빛 겹겹이 걸쳐 입고서
모르쇠의 숨 가쁜 숨결만
가슴을 도려내는 것이 아니더라

생김새 볼품없어도 진심이었던
단단한 너의 가슴 못 열어
지금도 내 심장은 개복숭아 빛이다

달빛 뭉근히 내려
꽃잎 밟고 오실 님 그리워
눈망울까지 퉁퉁 부어오른
부끄러운 가슴에도 꽃은 피더라

기도하는 날

중생은 작의를 쫓아
탐욕이란 먼 길을
돌아가니 허덕이고

성인은 무위를 쫓아
애당초에 머물러
돌아가는 길이 없어 평화롭다

번뇌가 사라지는 길
상원사를 산속에 두고 오니
빈 마음 가뿐하다

딸에게 쓰는 편지

네가 내게 주는 사랑과 희망에
온 세상이 빛나는 것 같아
행복한 마음에 넘치는 고마움이야

내 인생에 희망의 꽃을 피워주는
너와 함께한 모든 순간은
무엇과도 비교할 수 없는 축복이었고
네 고운 마음에서 피는 웃음꽃이
무한한 힘과 용기 주는걸
매일 느낄 수 있는 소중함이야

홀로서기의 대견함으로
엄마의 보람이자 자랑이 되어 준
인생 최고의 선물인 고마운 딸
병들어 힘든 이들을 위한 헌신의 삶
간호사로 다하는 최선이
네가 꿈꾸는 걸 이루게 할 거야

함께 할 모든 인연 건강하게 가꾸며
맞이할 내일의 소망
네가 환희로 빛나도록 축원할 거야

붉은 봄

봄이 어느덧 곁에 와있어
산책길 나서니
집 주위 언덕에 파릇파릇한 새싹
꽃들이 흐드러지게 피어있다

소생의 기운 완연하여
여기저기 야생화
흐드러지게 피어나니
정든 친구 불러내
담금주 한잔하고 싶은 봄날이다

꿈길을 걷다

일상의 자질구레한 일들
저녁이면 도란도란 이야기꽃으로
정겹게 피어난다

옥수수 군입질로 나른해져
하품 잦으면
초저녁 단잠에 들었던 엄마
한마디씩 떼어 놓은 잠꼬대에
까르르 숨넘어간다

꿈속에서 찰지게 반죽하는
내일 수제비 끓여 준다는 약속
스르르 감겨오는 눈까풀
잠결에 입맛을 쩝쩝 다시겠다

자동 설치

그리운 생각 따라
내 마음 네게 달려간다

계절 넘어 꽃 등마루
좋은 자리 차지하고 앉아
궁금할 때마다
자동으로 연결되는 사랑의 안부로
소중한 인연 되도록

매일 행복한 마음
자동으로 전송했으면 좋겠다

봄의 정령 아지랑이

무슨 할 말이 저리 많아
아지랑이로 피어날까요

저리 여린 싹 꼬물거리며
언 땅을 어찌 뚫고 나오려고 하는지

쑥쑥 고개 내밀고
나도 할 말 있다고
사방에서 쑥쑥 방긋방긋
얼굴을 내미네요

시냇물도 뒤질세라
졸졸거리며
아지랑이 뒤를 쫓습니다

태종대의 노을

수평선 그어
아련한 경계에서 기다리는
먼 그리움

장엄한 노을
파도 붉게 물들였다가
부서진 파도 조각
어둠 속에 숨긴다

쓸쓸하게
반추하는 추억 한 소절
적막을 흔드는
갈대는 외로움을 타지 않는다

별 하나 별 둘

별 하나 반짝거려
불 밝힌 소망 헤아리며
별빛 밟고 돌아와
잠드는
가난한 이들
제일 먼저 일어나
별빛을 끈다

별 하나 내 것이 되는
낭만마저 없다면
각박한 세상
어찌 견뎌낼 수 있으랴

삶의 교훈

더불어 살아가는 법을 잊어버려
자신의 테두리에 갇힌
외톨이의 독백엔 온기가 없습니다

인연에 부대끼며 배우게 되는
서로 다름에 대한 이해가
삶을 풍요롭고 진솔하게 합니다

설령 마음 다치더라도
상처를 치유하는 것 또한
관계 속에서 가능한 것입니다

좌절 속에서 희망이 샘 솟고
넘어져 일어서는 법을 알아가는 것이
인생의 참 교훈입니다

행복의 귀한 가치
고통과 아픔을 통해 깨닫는
대가인 것이랍니다

빈곤

바닥을 보인
립스틱
파운데이션
나의 민낯
어설프게나마
가려주려
무진 애쓰다가
제 살림
거덜 나는 것도
모르면서

계절도 마음도 물들다

바람과 허공은
시작된 이래로
채색된 적이 없거늘

봄은 송이송이 화사하고
여름은 초록빛 넉넉하고
가을은 단풍으로 물들고
겨울은 순백으로 치장하네

마음에 점 찍은 사랑
한순간에 번져
세상을 아름답게 물들이네

욕심

오지 말라 해놓고
또 내일을 기다리고

기지 말라 붙잡고서
또 어제를 추억하고

인생은
어제와 오늘 그리고 내일을

한사코
붙잡아 두려고만 한다

사상둔치공원에서

낙동강 둔치에
파랗게 단장한 잔디밭
넉넉한 품 내어
안락한 쉼터 되어준다네

시원한 강바람에
답답한 마음 트이고
느긋하게 흐르는 강물
조급함을 타이른다네

아등바등 쫓기며
다그치기만 했던 날들
잠시 잊고서
여유로움을 만끽한다네

장춘사의 오후

따사로운 햇살 앉은 석탑
묵은 소원 졸고
대웅전 목탁 소리
빼곡한 대숲에서 서성거린다

스님의 여린 뺨에 바람 스쳐
하늘거리는 금계국
무시로 흔들리는 것이 마음이건만
"참선 수행 중"
덩그러니 매달린 푯말

분별없는 마음에
풍경 소리 뎅그렁 울려 닿으면
잠시 속세의 번뇌 잊는다

인생역에서의 노숙

변변치 못했던 날들이
그나마 좋았다며 뒤돌아보라 한다

변화에 적응하지 못했던 무던함이
몹시도 궁상스럽게
쭉정이의 기억을 불 밝히고
무료한 하품을 할 때마다
실패의 낙인을 찍은
어느 행려병자의 의욕 잃은
눈빛을 닮을까 봐 두렵다

어쩌다가 잘못 탄 기차는
반대편으로 달리고
어둠의 터널 속에서
더 크게 울리는 갈망의 외침이
갈팡질팡 떠돈다

제5부

마음의 여백

홍련紅蓮

그리움 저 홀로 사무쳐
하릴없이 별빛만 헤아리고
마음은 갈 곳 잃어
아련한 추억 속을 배회한다

어둠 깊을수록
까닭 모를 서러움으로
막연해지는 기다림
침묵의 수렁에서
오래도록 견디어 낼 슬픔이다

밤이슬로 말갛게 닦아
물 위에 띄운 홍등
슬그머니 놓아버린 향기이다

툇마루

시골집의 정겨운 인심에
햇빛 놀다가는 툇마루는 겨울 아랫목
아득한 기억 먼지만 쌓여
가난해도 따스했던 정 되새김한다

달빛 기웃거려
다듬이 방망이질 소리 엿듣던
아련한 기억
무늿결에 그리움으로 아롱진다

진양호에 핀 그리움

사랑의 의미만 맹숭하게 남긴
부질없는 아쉬움
달빛 하늘거리는 강가에서
고백하지 못한 마음 열었습니다

이별 잦은 삶을 위로하듯
사분사분 강둑에 핀 달맞이꽃이
수줍은 달빛
등에 업어 잠재우는 그리움입니다

찔레꽃 위로 연등 걸리고

아무렇게나 피었어도 좋았던
찔레꽃 지천인 도랑 건너 산사를 찾는다

불심에 의탁하면서 어리석은 죄업 짓고
자비를 구하면서 미움을 버리지 못하고
무소유를 말하면서 가난을 두려워했던 사람들
"부처님 오신 날"
기복의 등을 내걸기 전
찔레꽃의 맑은 웃음에 마음 먼저 씻는다

이처럼 맑은 웃음
누군가를 위해 지을 수 있다면
부처님의 알 듯 모를 듯한 미소
그 참뜻 헤아리려나

인연의 향기

쪽빛으로 하늘 높게 걸리면
국화꽃 향기 첫 입맞춤처럼 설레게 합니다

고운 저녁노을 만나면
사랑인가 하여 붉어지는 마음입니다

마음 갈피 속 단풍잎
행복한 기억만 담아 드리고 싶습니다

귀뚜라미의 가을 쏘나타에
문득 고독해지는 그대 곁에 있겠습니다

마음의 창에 놓아두는 화분
인연의 향기로 마중하는 사랑입니다

달빛이 깨운 박꽃

달빛 무색하도록 환하고
소박한 미소
고향 집 담장 넝쿨로 올라
그리움 꽃 피는 밤
엄마 품 파고들던 아기
젖가슴 내어주듯
박꽃 뽀얗게 피었으니
그 사랑 그립기 그지없네

마음의 여백

마음의 여백에 한 줄기 빛 스며든
잠시 여유로운 시간
바쁜 일상에 쫓겨 마주하지 못했던
순수한 자아를 만끽한다

자유로운 상상으로 느끼는
생의 속삭임과 은근한 감정의 향기
모든 것을 받아들일
지금의 여유로움을 즐긴다

활짝 펼쳐진 자유의 날개
불안과 걱정이 얽힌 시간을 벗어나
설계하는 새로운 세계
일상의 잡다함을 잠시 잊는다

마음의 휴식처에서
나 자신과 조화롭게 어울리자면
평온한 내면에서 샘 솟는
행복과 만난다

하지

낮이 가장 길고 밤이 가장 짧다는
오늘이 하지네요
길어서 더 길 수 없어
한풀이 하듯 날마다 뜨거워지는
불화살의 햇살
피할 수 없는 과녁이 되겠지요
젊음의 열기
훅훅 달아오를수록
갱년기의 열꽃도 뒤질세라
벌써 후끈거리네요
양산 하나로 버텨낼 여름이
성큼 다가서네요

선미 언니, 고마워

바쁜 큰언니를 대신해서
모든 대소사를 도맡아 책임져 주고
우리 자매들이 수다로 엮는
정겨운 우애 또한 언니 덕분이야

자매 사이라도 서운함 없으랴만
선미 언니의 오지랖과 선한 마음 덕분에
언제나 웃음꽃 피어나
어떤 시련이 와도 이겨낼 힘이 돼

언니와 형부의 따뜻한 배려가
힘들고 지친 날에도 웃음 짓게 하니
멋쩍은 우스갯소리도
감사해하는 마음이라 여겨 주길…

인생 노트

회색의 암울했던 기억
질식할 것만 같았던 답답함에
안으로 삼키던 눈물로
범람하곤 했던 슬픔이었고
질경이 같은 억척으로
험난한 세파에 휩싸일 때마다
모질게 마음 다잡아
희망 하나로 버틴 절실함이었다

만만치 않은 세상
너그럽지 않은 운명과 맞서며
기록한 인생 노트엔
생의 무늿결 옹이로 박여
시 한 편 담아내는
찬란한 아픔 오랜 벗 삼아
행복을 꿈꾸어 본다

그림자

들쭉날쭉한
실체의 뒷면이라지만
정성스러운 마음
드리워 너울거리는
그림자의 배려

소극적으로
존재를 반영하는
가장, 정직한
관계의 결속이기에
분리되지 않는
허상이다

네게 낙엽 지다

네게
사랑으로 물들었다가
네게
숙명인 듯 낙엽 지고 싶다
네가
처음이었던 것처럼
네가
마지막이 되고 싶다
네가
전부였기에…

서툰 사랑

사랑함에 부족함이 없건만
바보처럼
왜 살가운 눈빛으로
선뜻 안기지 못하고
먼발치서
만지작거리던 속내
반지르르 손때만 묻었다

입안에서 맴돌다가
불그레 단풍 든 얼굴로
시치미 뚝 떼도
감출 수 없는 뜨거운 고백
서툴다고
사랑이 아니겠느냐

마중 나오는
정겨운 눈빛이면
그거 하나면 되는데

갈잎의 노래

소슬한 바람에
가을
조금 더
깊어졌습니다

오늘은
어제보다도
조금 더
그대 가까이
다가갑니다

사랑은
고독한 계절에
더욱
절실하게
찾아옵니다

그리움의 반향反響

목청껏 불러보는 이름
빈 메아리만 되돌아옵니다

어쩔 수 없이
닿고 닿은 기억만
그립다는 구절에서
무한 반복됩니다

기다림 하나만 던져둔
나날들이
무표정으로 덩그러니
하릴없습니다

추상秋想

차츰 비워져
괜스레 쓸쓸해지는
늦가을 풍경에
마음 허전해질 때마다
시나브로 다가와
손 내밀어 주는
그 누구

그 누군가가
너였으면
또한
나였으면

벗에게 쓰는 편지

세월의 모퉁이 어디쯤에서도
우리 잊지 말자

인생의 수많은 비밀은
가만히 들어주었던 시간을

나를 탓하기보다는
이해의 눈으로 봐주던 것을

서운했던 것은 가슴에 묻고
좋았던 순간만 기억하며

새벽이슬처럼 영롱히 빛나던
우리의 우정을

살아가며 이따금 되새길
구김살 없던 웃음 잊지 말자

달빛 속 산책

어렴풋이
거기에 있음을 알기에
짐작만으로도
가슴 뻐근해지는 설렘

스치는 바람에
부스럭거리는 갈대의
숨겨둔 이야기들

유독 낯익어
멀리서도 알아차리는
사랑스러운 몸짓

쉬이 잠 못 드는데
너는
어디에도 없고
어디에도 있으니
참으로 묘한 밤이다

> 해설

삶을 조탁하는 자아 성찰의 시

심애경
(시인. 시의전당문인협회 회장)

▶ 들어가며

 시는 시인이 느끼고 경험한 이야기들을 가슴으로 쓸 때 비로소 그 문향이 살아난다. 정은희 시인은 맑고 고운 영혼에 혼탁한 세파에 때 묻지 않는 시인이다. 이번 발간하는 시집 『생의 간이역』은 섬세한 감정의 진폭을 깊고 넓게 펼쳐놓은 모색의 열정으로, 색다르게 전개하여 자신만의 경험과 추억에 투과시켜 삶의 풍경에 대한 작품의 의미나 자아 성찰의 글들을 수록해 쉽고 재미있게 감정선은 그려내고 있다.

 화자와의 만남은 20년 전 등산이 좋아 다녔던 산악회에서 만나 오늘날까지 인연을 유지하며 새로운 문학의 꽃을 함께 피우고 있다. 특히 정은희 시인의 시는 신인이라는 게 무색할 정도로 자신만의 색깔로 서정을 형상화하는 조탁의 조미료를 잘 섞어 차진 맛으로 작품을 잘 빚어 솔직하고 꾸밈없는 언술이 자연스럽게 드러나 독자의 울림을 주고 있다. 정은희 시인의 시 몇 편을 골라 봤다.

> 뜸북뜸북 뜸북새 논에서 울고
> 목마르게 부르던
> 고향의 흙냄새를 맡는다
>
> 가난을 찰지게 반죽하여
> 가마솥에 떼어 숭덩숭덩 수제비 끓여
> 마당 평상에 온 가족이 둘러앉아
> 허기 때우던 어슬녘
> 따스하던 어린 날을 몸이 기억한다
>
> 소쩍새 울음 두고 온 고향
> 장맛보다 더 진한
> 코끝에 시린 진한 옛 향기
> 평생토록 마음 밭을 뜨겁게 적신다
>
> － 「고향의 초저녁」 전문

  가난한 시절, 우리의 배고픔을 채워주던 가마솥의 수제비가 장맛보다 더 진한 국물로 대변하기도 했다.
  허리가 휠만큼 일해도 끼니를 걱정해야 했던 부모를 생각나게 한다. 가난은 사람을 참혹하게 하지만 가난은 다만 불편할 뿐이라고 자위하며 달래는 그만큼의 가난은 견딜 수 있을 만큼의 가난일 것이다. 가난과 고난이 덮친 집에서는 어머니의 역할이 더욱 애틋하고 안타까울 수밖에 없다. 모자라고 부족한 것을 고스란히 받아들이며 자신의 몫까지도 자식에게 나누어 주는 마지막 순간까지 가족에게 등불이 되어주는 존재이다. 이젠 자신도 어머니가 되어 가슴으로 시를 쓰며 마음 밭을 뜨겁게 적신다. 정은희 시인의 시에는 사람의 마음에 잔잔한 감동으로 소용돌이치는 따스했던 어린 날을 몸은 기억하게 한다.

정은희 시인은 평상시에 늘 "구수하고 추억이 살아있는 시를 쓰고 싶다"라고 말했듯이 고향이란 동심의 세계를 열어서 사람 냄새가 나는 진솔한 시어들이 뛰노는 흔적을 발견할 수 있어 좋다.

소쩍새 울음 두고 온 고향
장맛보다 더 진한
코끝에 시린 진한 옛 향기
평생토록 마음 밭을 뜨겁게 적신다

종장의 시를 읽는 것은 그의 삶을 들여다보는 것이다. 곧 자신의 정신세계를 표현하는 작업이며 詩를 쓰는 것은 자신을 정화하는 일이다. 맑은 마음으로 쓰인 詩만이 감동을 주고 진실성眞實性으로 독자를 설득할 수 있을 것이다.
그러기에 많은 시인이 종장에서 자신이 전하고자 하는 의미의 함축을 위해 끝없이 분투하는 것이다.

아직도 피우지 못한 소리가 아득하다

봄이면 꽃구경을
여름이면 계곡을
가을이면 단풍 든 산을
겨울이면 온천을 가자 하셨던 어머니
오늘도 미루고
내일도 미루다가
어느 날 당신은 떠나 야속하기만 하다

삶은 기다려주지 않는다는 것을,

언제나 나의 부끄러운 것들을 집어삼키고
아득하다는 건 어디를 쳐다봐도 눈물이 난다
어머니가 살던 고향 집에
호미 끝에 돌멩이도 그립고
뜨락에 목메던 어머니 선소리가
들꽃 속에 피어난다.

— 「어무이 詩」 전문

  열심히 살아간다는 일, 사는 일에 분명한 목표가 있고 지향하는 삶을 살아가고 있을 때는 흔들리지 않는다. 열심히 앞만 보고 달리다 어무니께 효도 하려니 벌써 때는 늦기만 하다. 당신께 다하지 못한 불효의 그리움이 가슴에 남아 그림자로 어룽거릴 때면 온몸에 멍이 든다.

  서로가 서로에게 힘들고 외로울 때 인생의 등불이 되어

주고 갈증을 해결해 주는 삶을 살아간다는 게 의지만큼 쉽지는 않다. 쪼들리는 생활을 감내하며 얼마나 어렵고 바쁘게 걸어왔으면 어무이 좋아하시는 여행도 못 보내 드리고 떠나보낸 회한 가득한 마음의 글을 읽어보노라면 누구나 화자와 같은 심중이 되어 눈물이 핑 돌 수밖에 없다.

 삶보다 더 쓰디쓴 것은 없다고 말한다. 작가의 말대로 중년이 될 때까지 인생을 살아오며 앞만 보고 달렸던 자신이 밉고 또 밉지 않은가?. 어느 날 갑자기 어머니를 떠나보내고 나서야 깨닫게 되는, 내가 세상을 향해 최선으로 살아갈 수 있도록 자신의 외로움을 감춰야 했던 어머니의 진심이 아닐까 싶다.

 당신의 가없는 사랑이 중년의 가슴에 가득히 담겨, 항상 변하지 않는 그리움이 남아있어, 삶의 맛을 유지한다는 것이다. 어떤 위기와 어떤 아픔 속에서도 다 씻어내는 눈물이 있었기에 더 새로운 희망을 만들어 냈음을 자각하고 있다. 그 눈물로 가득했던 세월을 뒤돌아보는 작가의 마음에는 어무이를 그리워하는 눈물 한 방울이 그 어떤 보석보다도 아름답고 빛나는 것으로 생각한다.

> 지극한 보살핌으로 날 키워주셨던
> 가없는 사랑과 헌신
> 세월 속 묻어둔 쓸쓸한 인생의 그림자는
> 언제나 상심 깊어서
> 달랠 길이 없는 허전함이 나를 감싸네요

> 마음 시린 날에는 따스한 품 떠올리며
> 향기로운 기억 뒤따라
> 시공간을 넘나드는 보고 싶은 마음
> 헤어진 지 오래됐건만
> 당신의 영혼이 나를 감싸주는 듯하네요
>
> 잊지 못할 어린 시절의 기억
> 엄마의 따뜻한 손길과 은혜로운 미소에
> 천진한 행복이 함께한 그 순간들
> 지금도 늘 손 내밀어 주시는 그리움으로
> 보고 싶어요, 울 엄마!
>
> － 「보고 싶은 마음」 전문

 잊지 못한 어린 시절의 기억 평생을 눈에 담고 사는 정은희 시인의 모습이 필자의 마음 복판을 어무이의 사랑으로 차고앉는다.

 따뜻했던 내 고향 어머니와 함께했던 추억의 시는 허랑한 관념보다 더 큰 위로가 된다. 중얼중얼 읽다가 외워지면 누군가에게 들려주고 싶은 부모에 대한 글은 정말 위대하다.

 요즘 아이들에겐 찾아갈 시골이 없다고 한다. 늘 먹는 채소들은 공장에서 나오는 줄 알고 쌀은 나무에서 자란다고 한다. 시골은 왜 나이가 들어야 그 소중함을 알게 되는 걸까 너무 오래되어 낡아진 어머니 사진 한 장에 의존해 기억을 되살린 나의 형제에 대한 추억도 결국 나이가 이만큼 들어서야 그리움을 끄집어낼 수 있었다.

화자도 정은희 시인의 글을 읽으면서 보고 싶은 엄마와 행복이 함께했던 고향 생각을 참 많이 했다. 보고 싶은 울 엄마에 감사함을 전할 수 있는 책이었다는 깨달음과 함께 말이다.

가만히 읊조려보는 '보고 싶어요, 어머니!'

핏빛으로 물들인 가녀린 촉수
살포시 펼쳐 보인
절절한 애틋함을 어찌 지나칠까요

맞닿을 수 없는 운명
전생의 그리움으로 홀연히 서서
재회를 꿈꾸는지요

산사 가는 길
꽃무릇 빨갛게 빨갛게
내 마음을 찔렀답니다

- 「꽃무릇」 전문

여름의 기세가 조금 누그러지는 9월, 10월 경이면 가을이 올 때 즈음 강렬한 모습으로 피어나는 꽃무릇, 시인들이 좋아하는 꽃 중의 하나를 뽑는다면 꽃무릇이다.

대상의 꽃무릇은 상사화로 흔히 불린다.

꽃무릇(석산)꽃을 내고 꽃이 진 뒤 잎을 낸다. 특히 꽃과

잎이 서로 만나지 못하고 다른 쪽을 그리워할 거라는 인간 심리가 투영되어 상사화相思花라 일컫게 된 것 같다. 비늘줄기로 번식하여 선운사, 불갑사, 용천사 등 사찰에 무더기로 볼 수 있는 꽃은 앞의 상사화보다 붉은색이 더 강한, 여인의 입술처럼 요염하고 화려한 꽃무릇을 흔히 볼 수 있다.

상사화가 왜 상사화라는 이름이 붙었는지 알게 된 꼭지이다.

상사병이라는 말을 흔히 쓰고는 하는데 상사화와 상사병이 실제 이런 연관이 있을 줄은 몰랐다. 잎과 꽃이 서로 만나지 못해 병들어 상사병이 생겼다니. 꽃 이름의 어원에 이런 속뜻이 있다는 게 재미있다.

정은희 시인은 "산사 가는 길에 꽃무릇 빨갛게 빨갛게 시인의 마음을 찔렀답니다" 이렇게 꽃으로 누군가를 비유한다는 거, 이 얼마나 지적으로 아름다운가? 그동안 주변의 꽃들에 대해 너무 무심한 것은 아니었을까 하고 생각하게 된다.

들꽃에도 관심을 기울이는 사람은 주변인들에게도 애정과 관심을 베풀 수 있는 사람일 것이다. 자연으로서의 인생과 인연에 대한 그리움, 선천적인 고독과 슬픔이 정은희 시인의 시에서 애틋함이 녹아내립니다.

시 한 줄에서 움트는 의미로
마음의 위안을 얻으며

나를 위한 예쁜 문학의 꽃으로
활짝 피고 싶다

눈길 머무는 것마다
마음 닿는 곳마다
새롭게 꽃피는 존재의 의미

경이롭고 다채롭다
문학은
삶에 지친 마음을 치유하고
인생을 노래하게 하는
안식처이다

- 「문학과의 동행」 전문

  문학은 삶에 지친 마음을 치유하고 인생을 노래하게 하는 안식처이다.

  시를 쓴다는 것은 참 다행한 일이다. 누구에게나 똑같은 시간이 주어져도 그 쓰임새는 다르다. 시 쓰기는 외로움을 산 채로 꺼내어 포획해서 지면에 묶어두거나 내면에 깔린 슬픔을 하나하나 지우는 일이기에 얼마든지 혼자 놀 수 있는 행복한 것이다. 글쓰기란 문학에서 외로움은 좋은 재료가 아닐까 싶다. 그 외로움을 데치고 볶고 삶아서 맛있게 요리를 할 수 있을 것이니 시인은 늙어도 홀로 외롭지 않으며 절망하지 않는 큰 깨달음이다.

  시 쓰기란 먼저 자신을 위로하는 일이다.

창작을 위한 사유의 시간처럼 겉모습이 화려한 시인의 뒤편엔 지상에 풍경을 지어 올린 뿌리의 고통이 어찌 없을까. 마음을 가지고 봄날을 짓는다는 자연과 인간관계로 이어지는 시를 형성하는 시인의 무한한 상상력은 씨앗이 되어 새로운 방식으로 이미지를 추적하고 그 과정을 다양한 형식으로 詩로 풀어낸다. 하지만 결국 나만이 해결해야 할 깊이의 문제와 당면한다.

글을 쓴다는 건 마음의 수양이다.

아무리 큰 폭풍이 휘몰아쳐도 꿈쩍도 하지 않는 넓고 깊은 호수다.

나를 흔드는 이는 내 마음 깊은 곳에 숨어 은밀한 내 꿈과 만난다. 시인은 바로 그 꿈을 찾아 민들레 풀씨처럼 가볍게 세상을 찾아가는 것이다.

에필로그

정은희 시인의 작품 세계를 더듬어 보았다. 시인의 정서는 비 온 뒤나 눈 온 뒷날의 해맑은 날씨처럼 그의 시에는 에너지를 지향하고 있다.

그늘을 빚어 빛을 따라가려는 심미적 의지가 다분히 들어 있는 시집을 읽어보았다.

정은희 시인은 글에 대한 애정과 삶이 주는 비우고 사는 행복함을 한 권의 책을 이루고 있다. 삶에 대한 깊은 성찰이 남달라 다정다감한 인간적 체온을 유지 시키고 있다.

    그러면서도 시의 흐름이 한쪽에 편중되지 않고 자기 내면에 잠재한 상상력으로 과거와 현재와 미래를 넘나들고 있는 귀한 한 권의 시집이 많은 독자와 지인들에게 감동으로 때로는 삶의 희망으로 머물 수 있기를 기대해본다.

정은희 시집
생의 간이역

인쇄일: 2023년 7월 10일
발행일: 2023년 7월 15일

지은이: 정은희
펴낸이: 최경식
펴낸곳: 청옥출판사
인쇄처: 세종문화사

출판등록 제10-11-05호
E-mail: sik62001@hanmail.net
전화: 051-517-6068
값: 12,000원

ISBN 979-11-91276-49-7 03810

* 이 책의 무단전재 및 복제행위는 저작권법에 의거, 처벌의 대상이 됩니다.